PLUS DE RÉVOLUTIONS

AUX ÉLECTEURS

SUR L'ÉLECTION

DU PRÉSIDENT DE LA RÉPUBLIQUE

PAR

UN AMI DE L'ORDRE.

PRIX : 5 CENTIMES.

La reproduction est autorisée sous toutes les formes.

PARIS

MARTINON, RUE DU COQ-SAINT-HONORÉ, 4.

1848

PLUS DE RÉVOLUTIONS.

AUX ÉLECTEURS,

SUR

l'élection du Président de la République,

PAR UN AMI DE L'ORDRE.

Citoyens,

Plus de révolutions ! il est temps que la France se repose et jouisse enfin de la liberté qu'elle a si glorieusement, si chèrement conquise. Les maux qu'en-

traînent les révolutions, même les plus·
heureuses, se font sentir de suite; leurs
bienfaits se font toujours attendre. Sup-
portons, avec confiance dans l'avenir,
les inconvénients passagers de la révolution du 24 février, et n'attirons pas
sur notre pays des maux bien plus
grands, en nous jetant dans une seconde
révolution plus redoutable que la pre-
mière.

La Constitution est promulguée; elle
consacre tous les droits, tous les inté-
rêts sur lesquels repose la société; elle
garantit l'ordre dans le progrès, la paix
intérieure est rétablie, la paix extérieure
n'est pas menacée; la révolution fran-
çaise est finie si nous savons le vouloir.

Soixante ans de révolution ont dû nous l'apprendre : la violation des constitutions fait les révolutions ; leur fidèle observation seule les termine, et ramène la prospérité. Or, un prince peut-il être bon gardien de la constitution d'une république? Il le voudrait en arrivant au pouvoir, qu'il ne le voudrait plus au moment de le quitter. Les ambitieux, les flatteurs, les hommes de parti le pousseraient malgré lui à l'usurpation. Voyez les hommes qui prêchent l'élection d'un prince à la présidence, et dites, si c'est l'amour de la République et du pays qui les anime.

D'ailleurs, le prince et ses partisans seraient tous de bonne foi, que la présidence entre leurs mains n'en serait pas moins une cause de catastrophe. En effet, le remède aux maux de la situation, c'est la stabilité, la tranquillité publique, qui seules peuvent ranimer la confiance, le commerce et l'industrie; alors l'État pourra faire d'importantes économies sur les travaux publics, sur la marine, sur l'armée, et abolir des impôts impopulaires que la République réprouve.

Mais si le peuple, abusé, confie la défense de la Constitution à un parti soupçonné de vouloir la détruire, si la France est ainsi placée dans l'attente d'une révolution nouvelle, la défiance perpétuera notre détresse, l'État bientôt ne pourra plus faire face à ses obligations, et la banqueroute, devenue inévitable, traînera à sa suite la ruine générale et un bouleversement social.

Un prince président de la République, c'est la guerre civile au profit de l'anarchie; car, dans le mouvement qui entraîne les peuples de l'Europe, la République seule est assez forte, par son principe et son énergie, pour protéger l'ordre; elle peut seule donner ce qui est juste, préparer ce qui n'est réalisable que dans l'avenir, et repousser ce qui est impossible. Quelle serait la situation de la France si l'élection appelait un prince à la présidence? En février le peuple a brûlé le trône, planté l'arbre de la liberté ; puis, appelé à élire le président de la République, le peuple nommerait un prince, rendant ainsi hommage au nom, à la naissance, à l'hérédité du pouvoir, et reniant par cela même le principe républicain !

Ainsi le peuple se donnerait un démenti à lui-même ; il a proclamé la République, et par le choix du président, il provoquerait des doutes sur son dévouement à la République. Où donc trouver l'autorité, lorsque la contradiction serait dans le suffrage universel, lorsque le peuple semblerait dire oui et non sur le principe de son gouvernement ? C'est alors que les ennemis du peuple triomphant s'écrieraient : « Nous

« le savions bien : le peuple doit revenir
« sous notre loi ; le suffrage universel
« ne mène qu'à l'anarchie. » Citoyens,
ne donnons pas un tel sujet de satis-
faction aux ennemis du peuple et de la
République.

Ceux qui cherchent à faire sortir l'a-
narchie du suffrage universel ont-ils
bien mesuré la profondeur de l'abîme ?

Après la République il n'y a plus en
France de gouvernement possible. Si
la Constitution est méconnue, violée, si
elle succombe sous une insurrection ou
sous une usurpation, le pays reste sans
une autorité, sans un principe auquel
il puisse se rallier. Les prétendants, les
partis, les systèmes, les passions les plus

sauvages, libres de tout frein, n'auraient
plus d'autre loi que la force. Dans cette
confusion de guerres civiles, où l'on
verrait s'entre - détruire les Français,
département contre département, ville
contre ville, citoyen contre citoyen, où
entrevoir le terme, puisque le seul remède possible, le recours à la volonté
nationale, aurait été appliqué et impuis-
sant.

Vis-à-vis de l'étranger, l'élection d'un
prince à la présidence ne nous serait pas
moins funeste. Les peuples qui sont en-
trés en révolution, à notre exemple,
découragés en voyant la France reculer,
bientôt comprimés, attribueraient leurs
maux à notre inconstance. Ils pren-

draient pour un défi le nom d'un prince qui leur rappellerait tant de guerres acharnées entre nous et l'Europe. Nous perdrions ainsi l'admirable position de la France, qui contient aujourd'hui la haine des gouvernements par la sympa-thie des peuples; et de nos propres mains, dans notre aveuglement, nous reformerions contre nous, comme en 1814 et en 1815, la coalition des rois et des peuples, sans avoir rien à lui op-poser qu'un pays livré à l'anarchie, ob-jet du mépris et de la haine de l'Eu-rope.

Voilà l'abîme dont nous menace une élection à la présidence, contraire au principe républicain.

La seule élection capable d'assurer le salut et la prospérité du pays, c'est celle qui sera un acte manifeste d'adhésion à la Constitution, c'est l'élection, non d'un prince, mais du citoyen qui a donné le plus de gages de son dévouement à l'ordre et à la République.

Tels sont les motifs qui déterminent tous les amis de l'ordre et de leur pays, quelles que soient d'ailleurs leurs opinions politiques, à nommer le général Cavaignac, et à faire tous leurs efforts pour qu'il soit élu président de la République.

L'élection d'un prince à la présidence, c'est une nouvelle révolution dont on ne verra pas la fin, c'est la guerre civile et étrangère, c'est le triomphe certain de l'anarchie, c'est la ruine de nos villes et de nos campagnes.

L'élection du général Cavaignac, c'est la consolidation de la République modérée, c'est l'accomplissement des promesses de la révolution du 24 février, c'est la stabilité et le retour de la prospérité publique.

UN AMI DE L'ORDRE.

15 novembre 1848.

FIN.

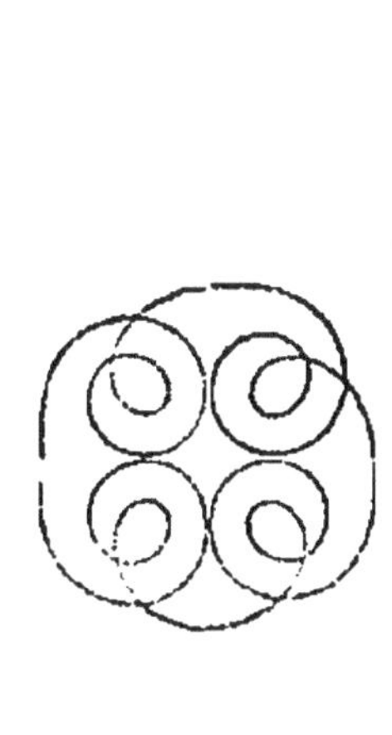

Paris. — Typ. Lacrampe et Comp, rue Damiette, 5.